U0934120

狂说会道

练就
地道口语

刘冠奇◎编著

中国出版集团
中译出版社

图书在版编目（CIP）数据

狂说会道：练就地道口语 / 刘冠奇编著.
—北京：中译出版社，2020.11

ISBN 978-7-5001-6474-6

Ⅰ. ①狂…　Ⅱ. ①刘…　Ⅲ. ①英语—口语—自学参考资料　Ⅳ. ① H319.9

中国版本图书馆 CIP 数据核字（2020）第 245526 号

狂说会道：练就地道口语

出版发行 / 中译出版社
地　　址 / 北京市西城区车公庄大街甲 4 号物华大厦六层
电　　话 / (010)68359376, 68359827（发行部）68002686（编辑部）
传　　真 / (010)68357870
邮　　编 / 100044
电子邮箱 / book@ctph.com.cn
网　　址 / http://www.ctph.com.cn

策划编辑 / 林勇
责任编辑 / 李颖
特约策划 / 网易有道出版中心
特约编辑 / 宋晓舒　唐绮峰　李波
封面设计 / 花开梦田文化传播有限公司

排　　版 / 北京墨格文慧科技发展有限公司
印　　刷 / 天津嘉恒印务有限公司
经　　销 / 全国新华书店

规　　格 / 880 毫米 ×1230 毫米　1/16
印　　张 / 8.5
字　　数 / 220 千字
版　　次 / 2020 年 12 月第一版
印　　次 / 2021 年 2 月第二次

ISBN 978-7-5001-6474-6　　　　定价：89.00 元

中　译　出　版　社

会了吗？

优　秀！

摆脱哑巴英语
练就地道口语

刘冠奇：对外英语教学（TESOL）高级教师
前新东方教育科技集团十大讲师
国内众多一线艺人口语教练
《纠音大师》《口语教练》创始人

这是一本答案之书——关于一个老问题：**如何说一口流利、地道的英语？**

将英语作为第二语言的学习者们，总是会在几个问题上遇上类似的麻烦。而体现在口语中，那一定不外乎这三点——**“是否能够听懂”“发音是否准确”“表达是否地道”**。对很多英语学习者来说，即便已经积累了足够的词汇量，能够自如地运用句型和语法，但在即时、流动的对话和会谈中，依然难以做到快速地理解并反馈。

直观地看，“能够听懂”对应着**“学习正确的发音、识别不同口音、理解口语表达”**，“准确发音”意味着**“识音标、发准确、懂连读、用音变”**，“地道表达”则体现在**“掌握地道的表达方式、形成快速的反应”**。

听起来有些复杂？这样的学习和训练是不是特别费时、艰难？

当然不！只需要简单明了的三步：**识音标、会连读、练发音**。正确地识别 48 个英语音标不仅能够让自己的发音更漂亮，还能够提升对输入语音的分析和理解，进而发掘他人语音中蕴含的信息。梳理和掌握连读音变的 8 个关键原则，能够提升从词到句，乃至段落语篇的流畅度和地道感。准确地掌握英语音标和音变才能够做到：不仅能够说清只言片语，更能畅所欲言！

当然，理论一定不能脱离实践——**发音和口语练习必不可少**。练习的频率、强度、素材的选择也常常让学习者们头疼不已。这也正是本书想要解决的问题。

学习不能一蹴而就，但漫长的战线却往往让人疲惫不堪，也容易因为缺乏成就感而半途而废。因此，本书为长期被英语口语问题困扰的学习者们打造了一个百日“作战计划”，计划中包含 **180 个生活场景**中所需的口语表达。在接下来的 100 天里，每天抽出 5 ～ 10 分钟，不但能够循序渐进地修正、提升自己的发音，获取当下最简洁、最地道、最实用的口语表达，还能够通过每日的练习保持语感，更能从持续的记录中直观地看到自己的进步，体验成就感。

最后，作为一本“答案”之书的作者，除了文字这样的形式，我还希望用自己更加擅长的视频方式来传递解决问题的方法。**书中的每日计划都搭配丰富的短视频微课**。不要小瞧这些“微”课，其中包含语音、语调、口型、态度等重要信息。学习英语口语发音，千万别只对着文字，只看不说。

请一定不要错过视频中对发音重点难点的解析！

请跟着打卡计划，一步步地摆脱哑巴英语吧！

Contents

目　录

基础篇

音标那些事儿

48 堂视频课
让你的发音更标准

2

进阶篇

连读音变那些事儿

8 堂连读音变课，
让你的发音更地道

3

实战篇

发音那些事儿

16 种场合、180 场实战练习，
让你的口语更完美

基础篇

48 堂视频课，让你的发音更标准

音标那些事儿

英语音标是标注英语发音的符号。每个符号都表示一个音素，用于规范英语口语的发音。就像汉语拼音一样，音标记录并展现了单词的发音。所以学好音标是记忆英语单词、准确发音和开口说英语的关键。

英语音标共 48 个，包含元音、辅音以及半元音。

元音是发音过程中，由气流通过口腔在不受阻碍的情况下发出的音。按音节分，元音可分为单元音和双元音。按发音时候的舌位分，可分为前元音、中元音及后元音。

辅音则是发音过程中，气流经过口腔或鼻腔时受到阻碍而形成的音。辅音可分为清辅音和浊辅音，发浊辅音的时候，声带会振动，而发清辅音时，声带不振动。

有趣的是，在英语中还存在两个特殊的“半元音”，介于元音和辅音之间。在发半元音时，气流较弱，摩擦小。半元音具备元音的语音特性，在功能上又类似辅音。因此，我们将半元音的讲解置于元音与辅音之间。

Vowels

元　音

- 前元音
- 中元音
- 后元音
- 双元音

前元音

/ iː /

发音秘籍

舌尖抵下齿，嘴张开呈微笑状，声音拉长。

发音练习

please	/pliːz/	请
peace	/piːs/	和平
believe	/bɪˈliːv/	相信

Hi，我是刘冠奇，

认识一下呗！

前元音

/ɪ/

发音秘籍

舌尖抵下齿，嘴张开，上下牙齿之间能放下一个小拇手指的距离。

发音练习

bit	/bɪt/	一点儿
busy	/ˈbɪzi/	忙的
pick	/pɪk/	挑选

有多少人动手放小拇指了？

前元音

/e/

发音秘籍

舌尖抵下齿，嘴张开，上下牙齿之间能放下一个食指的距离。

发音练习

bed	/bed/	床
ready	/'redi/	准备
bet	/bet/	打赌

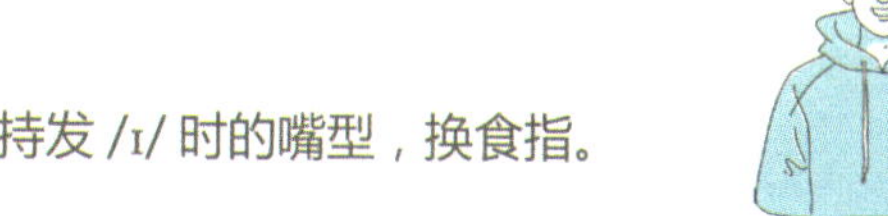

前元音

/ æ /

发音秘籍

舌尖抵下齿，嘴张开，上下牙齿之间能放下一个食指和中指的距离，上下张，左右也要张。

发音练习

bag	/bæg/	袋子
bad	/bæd/	坏的
sad	/sæd/	伤心的

这真的不是“吃手手”游戏。

中元音

/ ɜː /

发音秘籍

像中文的“饿”，声音再拉长一点。

发音练习

first	/fɜːst/	首先
bird	/bɜːd/	鸟
nervous	/ˈnɜːvəs/	紧张的

中元音

/ ə /

发音秘籍

像中文的“饿”，短促有力。

发音练习

famous	/ˈfeɪməs/	出名的
China	/ˈtʃaɪnə/	中国
machine	/məˈʃiːn/	机器

“饿——”长音卖萌；
“饿！”短音高冷。

中元音

/ʌ/

发音秘籍

像中文的“啊”，短促有力。

发音练习

love	/lʌv/	爱
blood	/blʌd/	血液
enough	/ɪ'nʌf/	足够的

注意：只是像“啊”，但不是“啊”。

后元音

/ ɑː /

发音秘籍

像中文的“啊”，声音再拉长一点。

发音练习

bar	/bɑː(r)/	酒吧
park	/pɑː(r)k/	公园
heart	/hɑː(r)t/	心脏
ask	/ɑːsk/	询问
after	/ˈɑːftə(r)/	在……之后
chance	/tʃɑːns/	机会

你拉长的是“一点儿”吗？跟我比比！

后元音

/ ɔː /

发音秘籍

圆唇，像中文的“凹”，声音再拉长一点。

发音练习

autumn	/ˈɔːtəm/	秋天
law	/lɔː/	法律
door	/dɔː(r)/	门

什么是圆唇？来，看我！

后元音

/ɒ/

发音秘籍

圆唇，像中文的“凹”，短促有力。

发音练习

rock	/rɒk/	摇滚
hot	/hɒt/	热的
boss	/bɒs/	老板

此处应有段热辣摇滚。

后元音

/ uː /

发音秘籍

撅嘴，像中文的“呜”，声音再拉长一点。

发音练习

food	/fuːd/	食物
soup	/suːp/	汤
June	/dʒuːn/	六月

小火车，呜呜呜——
高铁不是呜呜呜，一不小心暴露年龄。

后元音

/ʊ/

发音秘籍

撅嘴，像中文的“呜”，短促有力。

发音练习

push	/pʊʃ/	推
cook	/kʊk/	烹饪
book	/bʊk/	书

记得短促有力哦。

双元音

/ aʊ /

发音秘籍

圆润饱满有滑动，前长后短前重后轻；由 /ɑː/ 向 /ʊ/ 滑动。

发音练习

now	/naʊ/	现在
cow	/kaʊ/	奶牛
loud	/laʊd/	大声的

圆润饱满有滑动，第一遍！

双元音

/ eɪ /

发音秘籍

圆润饱满有滑动，前长后短前重后轻；由 /e/ 向 /ɪ/ 滑动。

发音练习

make	/meɪk/	制造
late	/leɪt/	晚的
eight	/eɪt/	八

圆润饱满有滑动，第二遍！

双元音

/ aɪ /

发音秘籍

圆润饱满有滑动，前长后短前重后轻；由 /ɑː/ 向 /ɪ/ 滑动。

发音练习

fly	/flaɪ/	飞
nice	/naɪs/	美好的
buy	/baɪ/	买

双元音

/ ɔɪ /

发音秘籍

圆润饱满有滑动，前长后短前重后轻；由 /ɔː/ 向 /ɪ/ 滑动。

发音练习

boy	/bɔɪ/	男孩
toy	/tɔɪ/	玩具
noise	/nɔɪz/	噪音

事不过三？不存在的。

双元音

/ əʊ /

发音秘籍

圆润饱满有滑动，前长后短前重后轻；由 /ə/ 向 /ʊ/ 滑动。

发音练习

home	/həʊm/	家
boat	/bəʊt/	小船
no	/nəʊ/	不

人类的本质就是复读机。

双元音

/ ɪə /

发音秘籍

圆润饱满有滑动，前长后短前重后轻；由 /ɪ/ 向 /ə/ 滑动。

发音练习

beer	/bɪə(r)/	啤酒
here	/hɪə(r)/	在这儿
idea	/aɪˈdɪə/	想法

复读机也有尊严。

双元音

/ eə /

发音秘籍

圆润饱满有滑动，前长后短前重后轻；由 /e/ 向 /ə/ 滑动。

发音练习

air	/eə(r)/	空气
hair	/heə(r)/	头发
share	/ʃeə(r)/	分享

练到这里，你们还“圆润饱满”吗？

双元音

/ ʊə /

发音秘籍

圆润饱满有滑动，前长后短前重后轻；由 /ʊ/ 向 /ə/ 滑动。

发音练习

sure	/ʃʊə(r)/	确定的
poor	/pʊə(r)/	贫穷的
tour	/tʊə(r)/	旅游

我保证，复读结束了。

Consonants
辅　音

- 半元音
- 清辅音
- 浊辅音

半元音

/ w /

发音秘籍

像中文的“我”。

发音练习

we	/wiː/	我们
word	/wɜː(r)d/	单词
way	/weɪ/	方法

是 /w/ 不是“我”。

半元音

/j/

发音秘籍

像中文的“耶”。

发音练习

yes	/jes/	正确的
youth	/juːθ/	年轻
year	/jɪə(r)/	年

是 /j/ 不是“耶”。

清辅音

/ p /

发音秘籍

双唇往回抿，喷气的感觉，声带不振动。

发音练习

map	/mæp/	地图
paper	/ˈpeɪpə(r)/	纸
pick	/pɪk/	挑选

是 /p/ 不是“坡”，

Chinglish 要不得。

浊辅音

/ b /

发音秘籍

双唇往回抿，喷气的感觉，声带振动。

发音练习

baby	/ˈbeɪbi/	宝贝
back	/bæk/	后面
bat	/bæt/	蝙蝠

是 /b/ 不是“波”，

Chinglish 要不得。

清辅音

/ t /

发音秘籍

像拼音的 t，声带不振动。

发音练习

tea	/tiː/	茶
time	/taɪm/	时间
meat	/miːt/	肉

是 /t/ 不是“特”，
Chinglish 要不得。

浊辅音

/ d /

发音秘籍

比拼音中的 d 轻一点，声带振动。

发音练习

day	/deɪ/	天
date	/deɪt/	日期
desk	/desk/	桌子

是 /d/ 不是“的”，
Chinglish 要不得。

清辅音

/k/

发音秘籍

像拼音的 k，声带不振动。

发音练习

key	/kiː/	钥匙
keep	/kiːp/	保持
kite	/kaɪt/	风筝

是 /k/ 不是“科”，

轻点儿就好了。

浊辅音

/g/

发音秘籍

比拼音中的 g 轻一点，声带振动。

发音练习

go	/gəʊ/	走
guest	/gest/	客人
gift	/gɪft/	礼物

是 /g/ 不是“哥”，

轻点儿就好了。

清辅音

/ f /

发音秘籍

咬唇吐气，声带不振动。

发音练习

face	/feɪs/	脸
far	/fɑː(r)/	远的
foot	/fʊt/	脚

咬唇容易出错，

看我示范！

浊辅音

/v/

发音秘籍

咬唇吐气，声带振动。

发音练习

very	/'veri/	非常
five	/faɪv/	五
give	/gɪv/	给

上齿咬下唇是关键哦！

清辅音

/θ/

发音秘籍

咬舌吐气，声带不振动。

发音练习

faith	/feɪθ/	信念
thank	/θæŋk/	感谢
think	/θɪŋk/	考虑

咬舌虽然痛，
却比咬唇简单。

浊辅音

/ð/

发音秘籍

咬舌吐气，声带振动。

发音练习

this	/ðɪs/	这个
that	/ðæt/	那个
these	/ði:z/	这些

/θ/ 和 /ð/，请对比着练！

清辅音

/ s /

发音秘籍

像撕纸的“撕”，声带不振动。

发音练习

say	/seɪ/	说话
six	/sɪks/	六
smart	/smɑː(r)t/	聪明的

/s/ 与 /θ/ 容易混淆，

请对比着练！

浊辅音

/ z /

发音秘籍

像撕纸的“撕”尾音，声带振动。

发音练习

zoo	/zuː/	动物园
size	/saɪz/	尺码
please	/pliːz/	请

/z/ 与 /ð/ 容易混淆
请对比着练！

清辅音

/ʃ/

发音秘籍

像中文的“师”，声带不振动。

发音练习

she	/ʃiː/	她
show	/ʃəʊ/	表演
fresh	/freʃ/	清新的

是 /ʃ/ 不是“师”。

浊辅音

/ʒ/

发音秘籍

像中文的“日”，声带振动。

发音练习

decision	/dɪˈsɪʒn/	决定
pleasure	/ˈpleʒə(r)/	快乐
massage	/məˈsɑːʒ/	按摩

是 /ʒ/ 不是“日”。

清辅音

/ tʃ /

发音秘籍

像中文的“吃”，声带不振动。

发音练习

check	/tʃek/	检查
match	/mætʃ/	比赛
choice	/tʃɔɪs/	选择

还记得被圆唇支配的恐惧吗？

浊辅音

/ dʒ /

发音秘籍

像中文的“织”，声带振动。

发音练习

age	/eɪdʒ/	年龄
juice	/dʒuːs/	果汁
jacket	/'dʒækɪt/	夹克

/tʃ/ 和 /dʒ/，请对比一下。

清辅音

/ ts /

发音秘籍

像呲水的“呲”，声带不振动。

发音练习

meets	/miːts/	相见
Let's	/lets/	让我们
eats	/iːts/	吃

/ts/ 在词尾时，送气要强！

浊辅音

/ dz /

发音秘籍

像中文的“滋”，声带振动。

发音练习

heads	/hedz/	头
depends	/dɪˈpendz/	依赖
friends	/frendz/	朋友

/dz/ 在词尾时，
声带振动要略强一些。

清辅音

/ tr /

发音秘籍

像中文的“戳”，声带不振动。

发音练习

treat	/triːt/	对待
tree	/triː/	树
try	/traɪ/	尝试

不要念成“戳”哦！

浊辅音

/ dr /

发音秘籍

像中文的“啄”，声带振动。

发音练习

dream	/driːm/	梦想
dry	/draɪ/	干燥的
drink	/drɪŋk/	喝

不要念成“啄”哦！

清辅音

/ h /

发音秘籍

像中文的“喝”，声带不振动。

发音练习

he	/hiː/	他
who	/huː/	谁
have	/hæv/	有

是 /h/ 不是“喝”。

浊辅音

/r/

发音秘籍

圆唇卷舌吐气；美式英语中还有儿化音，大舌往后卷，去舔小舌。

发音练习

red	/red/	红色
rat	/ræt/	老鼠
rest	/rest/	休息
door	/dɔː(r)/	门
more	/mɔː(r)/	更多
car	/kɑː(r)/	汽车

咬唇吐气容易错，
圆唇吐气就简单多了！

浊辅音

/l/

Day 12 浊辅音

发音秘籍

舌尖顶住上齿龈，声带振动。

发音练习

lake	/leɪk/	湖
like	/laɪk/	喜欢
live	/lɪv/	生存
tell	/tel/	说
world	/wɜː(r)ld/	世界
tool	/tuːl/	工具

“舌尖顶住上齿龈”无法描述清楚，还是看我好了！

浊辅音

/ m /

发音秘籍

双唇闭拢，用鼻子用力。

发音练习

make	/meɪk/	做
moon	/muːn/	月亮
mood	/muːd/	情绪

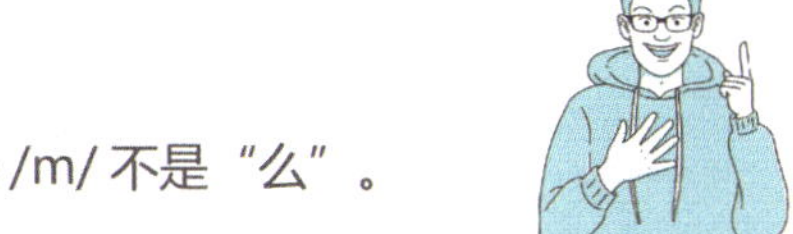

浊辅音

/ n /

发音秘籍

舌尖顶住上齿龈，用鼻子用力。

发音练习

nine	/naɪn/	九
night	/naɪt/	夜晚
name	/neɪm/	名字

是 /n/ 不是“呢”。

浊辅音

/ŋ/

发音秘籍

舌头自然放平，用鼻子用力。

发音练习

sing	/sɪŋ/	唱
thing	/θɪŋ/	事情
song	/sɒŋ/	歌曲

鼻子要用力，但不是擤鼻涕。

进阶篇

8 堂连读音变课，让你的发音更地道

连读音变那些事儿

了解和掌握语音中的音标，并不意味就能够解决英语口语中的两大难题——“听不懂”和“说不好”。许多同学学习英语很多年，对音标已然有了很深的理解，也掌握了许多日常甚至专业词汇，但在听、说方面的表现依旧差强人意。

这就说明——你的英语需要进阶学习。千万别止步于基础的、静态的音标及词汇学习。因为语言是鲜活地存在于语境中的。

要听懂并输出流畅的、地道的英语口语，就必须了解、理解和掌握英语连读音变的基本规律：连读、失去爆破、浊化、重叠、同化、击穿现象，以及英音和美音的区别。

就让我们对这些规律一一进行解析，逐条击破吧！

Liaison and Allophones

连读 & 音变

- 连读：辅音 + 元音
- 连读：元音 + 元音
- 失去爆破
- 重叠现象
- 同化现象
- 击穿现象
- 浊化现象
- 英美音区别

连读：辅音 + 元音

规则解析

曾有个很形象的比喻说，如果中文是楷书，那么英文就像草书。中文讲究字正腔圆，而英文的音与音之间则像流水一般，自然滑过，所以连读就成了一种很常见的现象。

本节讲述的是其中一种连读规则：辅音 + 元音。这指的是前一个单词的结尾是辅音，后一个单词的开头是元音，在这种情况下，前面单词最后的辅音跟后面单词开头的元音可以连起来读，这样听上去就像是一个单词。

发音练习

stand up	站起来
take off	起飞
hold on	稍等

连读并不神秘，

就是组 CP！

连读：元音 + 元音

规则解析

本节讲述的另一种连读规则，就是元音 + 元音的情况。指的是前一个单词以元音结尾，后一个单词以元音开始。这种情形下，为了让两个元音能顺利过渡，有时会在两个元音之间增加 /j/ 或者 /w/ 这样的半元音。

发音练习

copy it 复制它
在两个单词之间有类似 /j/ 的音

say it 说它
在两个单词之间有类似 /j/ 的音

how about 你认为……怎么样？
在两个单词之间有类似 /w/ 的音

going 走，去
在两个单词之间有类似 /w/ 的音

doing 行动，表现
在两个单词之间有类似 /w/ 的音

元音 + 元音的 CP 不一样。

失去爆破

规则解析

本节讲述的是失去爆破现象。先介绍一下什么叫爆破音——/t/、/d/、/k/、/g/、/p/、/b/ 这些有气流爆破的音被称为爆破音。当两个辅音相遇，如果前面那个辅音为爆破音，那么前面那个爆破音只做口型不发音，这样的现象被称为失去爆破。

发音练习

内部失去爆破：

goodbye	再见	/d/ 失去爆破
friendly	友善的	/d/ 失去爆破
badly	恶劣的	/d/ 失去爆破

外部失去爆破：

best friend	最好的朋友	/t/ 失去爆破
would like	想要	/d/ 失去爆破
make sure	确保	/k/ 失去爆破

失去爆破？

其实就是懒！

重叠现象

规则解析

本节讲述的是辅音重叠现象。当两个辅音相遇，如果这两个辅音为同一发音的话，可以只读一个。

发音练习

roommate	/ˈruːmmeɪt/	室友
take care	/teɪk keə(r)/	保重
want to	/wɒnt tʊ/	想要

能说一次，绝不说两次！

同化现象

规则解析

本节讲述的是语音同化现象。为了两个单词间能平滑过渡，两个音在一起读成另外一个音。

发音练习

Nice to meet you.	见到你很开心。
	/t/+/j/ → /tʃ/
I need you.	我需要你。
	/d/+/j/ → /dʒ/
I miss you.	我想你。
	/s/+/j/ → /ʃ/

一切都是为了连贯！

击穿现象

规则解析

本节讲述的是语音中的击穿现象。在代词 he，him，her 以及助动词 have，has，had 等以 /h/ 开头的单词中，h 所对应的 /h/ 这个音比较弱，经常不读，所以 /h/ 可被击穿，而将其后的元音与上一个单词末尾的辅音相连。

发音练习

give him	给他 /gɪvɪm/
give her	给她 /gɪvɜːr/

辅音相逢勇者胜。

浊化现象

规则解析

本节讲述的是清辅音浊化现象。大部分情况下，/s/ 后面的清辅音要浊化，如：/sk/ → /sg/，/st/ → /sd/，/str/ → /sdr/，/sp/ → /sb/。

发音练习

ski	/skiː/	滑雪	/sk/ → /sg/
sky	/skaɪ/	天空	/sk/ → /sg/
skin	/skɪn/	皮肤	/sk/ → /sg/
stay	/steɪ/	停留	/st/ → /sd/
stand	/stænd/	站立	/st/ → /sd/
still	/stɪl/	仍然	/st/ → /sd/
street	/striːt/	街道	/str/ → /sdr/
stress	/stres/	压力	/str/ → /sdr/
strong	/strɒŋ/	强壮的	/str/ → /sdr/
spirit	/'spɪrɪt/	精神	/sp/ → /sb/
space	/speɪs/	空间	/sp/ → /sb/
sport	/spɔː(r)t/	运动	/sp/ → /sb/

小小的浊化，很多人都会忽略。

英美音区别

规则解析

本节讲述的是英音和美音的区别。英美音最大的区别在于 /r/ ！①英音没有儿化音，美音有儿化音处读，没有儿化音时不读；② 大部分情况下美音的 /ɒ/ 会趋近于 /ɑː/；③ 在部分情况下美音的 /ɑː/ 会趋近于 /æ/；④ 三角音 /ʌ/ 在美音中会趋近于短音的 /ə/；⑤ 部分情况下美音的 /juː/ 会趋近于 /uː/；⑥ 在美式英语中，当辅音 /t/ 在两个元音中的时候，会轻微浊化成 /d/，注意特例浊化 /tl/ 和 /ti/。

发音练习

/ɒ/ → /ɑ/	hot	rock	boss
/ɑː/ → /æ/	bath	dance	after
/ʌ/ → /ə/	love	enough	but
/juː/ → /uː/	new	super	suit
/t/ → /d/	letter	later	water
/tl/ → /dl/	little	battle	
	twenty	thirty	forty
/ti/ → /di/	fifty	sixty	seventy
	eighty	ninety	
加儿化音	door	floor	more

英音高贵冷艳，美音饶舌范儿，

你喜欢哪种 style ？

实战篇

16 种场合、180 场实战练习，让你的口语更完美

发音那些事儿

将理论知识细致拆分、牢牢掌握后，还需要完成哪些任务，才能够真正地说一口漂亮的英语口语呢？答案如下所列：

保证准确、地道的语言输入。怎样的环境该使用什么样的字、词、句？什么样的场景该采用何种语调？精准、地道的语言输入才能为语言学习者提供模仿和应用的优质范本。实战篇中提供了 16 种场合、180 场生活场景对话演练，用词行文精准地道，每日任务循环进阶，满足“听辨—跟读—反复练”的训练模式。

练习，练习，不断练习。老话怎么说来着？—— Practice makes perfect. 对照文本和微视频，不断练习，才能够最终纠正错音，改进发音，准确而熟练地使用。

别犯懒，跟随每日计划，轻松打卡，练就完美的口语发音吧！

Greetings

打招呼

- 最近可好
- 好久不见

最近可好

How are you?

最近怎么样？

对话

A: How are you?

最近怎么样？

B: So far so good.

还不错啊。

对话暗藏 5 处雷点，

呼叫排雷助手 Jack!

最近可好

How are you doing?

最近怎么样？

对话

A: How are you doing?

最近怎么样？

B: Not bad. What about you?

还不赖，你呢？

A: Well, nothing special.

嗯，还那样。

对话暗藏 16 处雷点，

呼叫排雷助手 Jack!

最近可好

How is it going?

最近怎么样？

对话

A: How is it going?

最近怎么样？

B: Great. Everything is perfect!

不错啊，都挺好的！

对话暗藏 10 处雷点，
呼叫排雷助手 Jack!

最近可好

What's up?

最近怎么样？

对话

A: Hey man, what's up?

兄弟，最近怎么样？

B: Not much, just chilling.

还行吧，没什么特别的。

对话暗藏 12 处雷点，

呼叫排雷助手 Jack!

最近可好

How have you been?

最近怎么样？

对话

A: How have you been?

最近怎么样？

B: The same as usual.

一如既往吧。

对话暗藏 7 处雷点，

呼叫排雷助手 Jack!

好久不见

I haven't seen you for a long time.

好久没见了。

对话

A: I haven't seen you for a long time. How are you doing?

好久没见了。最近怎么样？

B: Yeah, it's been a long time. I'm great, you?

是啊，好久没见了。我很好，你呢？

A: Couldn't be better.

我也挺好的。

对话暗藏 11 处雷点，

呼叫排雷助手 Jack!

Time to Leave
分　别

- 回头见
- 我得走了
- 再见

回头见

See you later.

随后见。

对话

A: I have to go home and change first. See you at the party.

我要回家换下衣服。晚会上见。

B: OK, no problem. See you later.

没问题，随后见。

A: See ya.

随后见。

对话暗藏 16 处雷点，

呼叫排雷助手 Jack!

回头见

See you around.

回头见。

对话

A: Sorry man, I have to get back to work.

不好意思，我得回去工作了。

B: OK, I'll see you around.

好的，回头见。

对话暗藏 14 处雷点，

呼叫排雷助手 Jack!

我得走了

I gotta go.

我得走了。

对话

A: Can I talk to you for a second?

有时间聊一下吗？

B: Sorry, I gotta go.

不好意思，我得走了。

对话暗藏 9 处雷点，

呼叫排雷助手 Jack!

我得走了

I must be going.

我得走了。

对话

A: Jack, stay for dinner please.

杰克，留下来吃晚饭吧。

B: Sorry, I must be going.

不好意思，我得走了。

对话暗藏 9 处雷点，

呼叫排雷助手 Jack!

再　见

Talk to you soon.

随后聊吧。

场景特训

A: Jack, are you leaving?

　杰克，你要走了吗？

B: Yeah, I will talk to you soon.

　是啊，随后聊吧。

对话暗藏 7 处雷点，

呼叫排雷助手 Jack!

再　见

Goodbye.

再见。

对话

A: Hey, Jack. Take care of yourself.

照顾好自己，杰克。

B: You too. See you later.

你也是。回头见。

A: Goodbye.

再见。

对话暗藏 8 处雷点，

呼叫排雷助手 Jack!

Introduction
介　绍

- 出场介绍
- 询问姓名
- 自我介绍
- 告知年龄
- 来自哪里
- 是做什么的
- 兴趣爱好
- 保持联络
- 感谢倾听

出场介绍

It's a great honor to be here.

很荣幸来到这里。

常用话语

Hello, ladies and gentlemen. Thank you for giving me this opportunity. It's a great honor to be here.

女士们、先生们，感谢大家给我这个机会，能来到这儿是我的荣幸。

对话暗藏 12 处雷点，

呼叫排雷助手 Jack!

询问姓名

May I have your name?

你叫什么名字？

对话

A: May I have your name?

你叫什么名字？

B: My Chinese name is Liu Guanqi, and my English name is Jack.

我的中文名字是刘冠奇，英文名字是杰克。

对话暗藏 6 处雷点，

呼叫排雷助手 Jack!

询问姓名

Would you mind telling me your name?

你叫什么名字？

对话

A: Would you mind telling me your name?

你叫什么名字？

B: Feel free to call me Jack.

叫我杰克吧。

对话暗藏 11 处雷点，

呼叫排雷助手 Jack!

自我介绍

Just call me Jack.

叫我杰克吧。

对话

A: What should I call you?

怎么称呼您？

B: Just call me Jack.

叫我杰克吧。

对话暗藏 8 处雷点，

呼叫排雷助手 Jack!

自我介绍

I'm Jack by the way.

我叫杰克。

对话

A: Are you new here?

你是新来的吗？

B: Yeah, this is my first day. I'm Jack by the way.

是啊，第一天来。我叫杰克。

对话暗藏 13 处雷点，

呼叫排雷助手 Jack!

告知年龄

I'm actually thirty years old.

我 30 岁了。

对话

A: Hey, Jack. How old are you?

杰克，你多大了？

B: Well, I'm actually thirty years old.

我 30 岁了。

对话暗藏 12 处雷点，

呼叫排雷助手 Jack!

来自哪里

Where are you from?

你来自哪里？

对话

A: Where are you from?

你来自哪里？

B: I'm from China.

我来自中国。

对话暗藏 7 处雷点，

呼叫排雷助手 Jack!

是做什么的

What do you do?

你是做什么的？

对话

A: What do you do?

你是做什么的？

B: I'm a college student and my major is English.

我是一名大学生，主修英语。

对话暗藏 12 处雷点，

呼叫排雷助手 Jack!

是做什么的

What do you do for a living?

你是做什么的？

对话

A: What do you do for a living?

你是做什么的？

B: Well, I'm an English teacher, and I've been teaching English for ten years.

我是一名英语老师，教英语有 10 年了。

对话暗藏 15 处雷点，

呼叫排雷助手 Jack!

兴趣爱好

What's your hobby?

你有什么兴趣爱好吗？

对话

A: What's your hobby?

你有什么兴趣爱好吗？

B: I like playing basketball when I have time.

我有时间的时候喜欢打篮球。

对话暗藏 14 处雷点，

呼叫排雷助手 Jack!

保持联络

Let's keep in touch.

保持联络。

对话

A: It was nice talking with you.

很高兴能和你聊天。

B: Yeah, let's keep in touch.

是啊，保持联络。

对话暗藏 11 处雷点，

呼叫排雷助手 Jack!

感谢倾听

Thank you for your attention.

感谢倾听。

对话

Thank you for your attention.

感谢倾听。

对话暗藏 4 处雷点，

呼叫排雷助手 Jack!

Invitations

邀 请

- 逛个街吧
- 喝一杯吧
- 能改期吗
- 打个电话
- 你打错了
- 稍后聊吧
- 吃个饭吧
- 敲定时间
- 电话找人
- 正忙着呢
- 不方便讲话

逛个街吧

Would you like to go shopping with me this weekend?

周末有兴趣一起逛街吗？

对话

A: Would you like to go shopping with me this weekend?

周末有兴趣一起逛街吗？

B: Sure, I think it would be fun.

当然了，应该会很开心。

对话暗藏 14 处雷点，

呼叫排雷助手 Jack!

吃个饭吧

I was wondering if you'd like to come to dinner on Saturday.

想问一下周六有时间一起吃晚饭吗？

对话

A: I was wondering if you'd like to come to dinner on Saturday.

想问一下周六有时间一起吃晚饭吗？

B: I'd love to. But I gotta work on Saturday.

我很乐意，但我周六要上班。

对话暗藏 18 处雷点，

呼叫排雷助手 Jack!

吃个饭吧

I'm calling to see if you would like to have lunch with me tomorrow.

我打电话想问问明天有时间一起吃午饭吗？

对话

A: Hey Jack, what's up?

杰克，怎么了？

B: I'm calling to see if you would like to have lunch with me tomorrow.

我打电话想问问明天有时间一起吃午饭吗？

对话暗藏 14 处雷点，

呼叫排雷助手 Jack!

喝一杯吧

Why don't we go out for a drink?

出去喝一杯怎么样？

对话

A: Hey, man. I'm not in a good mood.

哥们儿，我今天心情不好。

B: Why don't we go out for a drink?

出去喝一杯怎么样？

对话暗藏 12 处雷点，

呼叫排雷助手 Jack!

敲定时间

Let's say 10:30 a.m. tomorrow, OK?

明天上午 10 点半怎么样？

对话

A: When are we gonna meet tomorrow?

我们明天几点见面？

B: Let's say 10:30 a.m. tomorrow, OK?

明天上午 10 点半吧，怎么样？

对话暗藏 10 处雷点，

呼叫排雷助手 Jack!

能改期吗

Can I take a rain check?

能改期吗？

对话

A: Don't forget about dinner tomorrow.

别忘了明天的晚餐。

B: Sorry, can I take a rain check?

不好意思，能改期吗？

对话暗藏 14 处雷点，

呼叫排雷助手 Jack!

电话找人

Can I speak to Jack?

能找一下杰克吗？

对话

A: Hello, can I speak to Jack?

　　您好，能找一下杰克吗？

B: OK, hold on a second.

　　稍等，别挂电话。

对话暗藏 10 处雷点，

呼叫排雷助手 Jack!

打个电话

give sb. a call

给某人打个电话

对话

A: Just give me a call when you have time.

有时间给我打个电话。

B: Yeah, you bet.

好，一定。

对话暗藏 9 处雷点，

呼叫排雷助手 Jack!

正忙着呢

in the middle of sth.

正忙着

对话

A: Hey Jack, I need to talk to you.

杰克，我有事要找你聊聊。

B: I'm in the middle of something. Talk to you later.

我正忙着呢，稍后聊吧。

对话暗藏 11 处雷点，

呼叫排雷助手 Jack!

你打错了

got the wrong number

打错电话了

对话

A: Hi, can I please speak to Jack?

您好，我能找一下杰克吗？

B: There is no one called Jack here. I think you got the wrong number.

这里没有叫杰克的人，你应该打错了。

对话暗藏 15 处雷点，

呼叫排雷助手 Jack!

不方便讲话

I can't talk right now.

我现在不方便讲话。

对话

A: Sorry, I can't talk right now. Can I call you back later?

不好意思，我现在不方便讲话。稍后给你打过去？

B: Alright, talk to you later.

好的，稍后聊。

对话暗藏 13 处雷点，

呼叫排雷助手 Jack!

稍后聊吧

Call you later.

稍后聊。

对话

A: Hey man, I'm driving and I will call you later.

哥们儿，我开车呢，稍后聊吧。

B: Sure, take care.

好的，注意安全。

对话暗藏 9 处雷点，

呼叫排雷助手 Jack!

Help
求助与帮助

- 帮什么忙呢
- 有需要叫我
- 能帮个忙吗
- 能开下窗吗

帮什么忙呢

What can I do for you?

我能帮什么忙呢？

对话

A: Hi, could you help me?

你好，能帮个忙吗？

B: Sure. What can I do for you?

当然了，我能帮什么忙呢？

对话暗藏 11 处雷点，

呼叫排雷助手 Jack!

有需要叫我

Just let me know if you need help.

有需要叫我。

对话

A: Just let me know if you need help.

有需要叫我。

B: Thank you, I will.

谢谢，我会的。

对话暗藏 10 处雷点，

呼叫排雷助手 Jack!

有需要叫我

Just call me if you need anything.

有需要叫我。

对话

A: I just came here for a couple of days.

我刚来几天。

B: Just call me if you need anything.

有需要叫我。

对话暗藏 9 处雷点，

呼叫排雷助手 Jack!

能帮个忙吗

Could you do me a favor?

能帮个忙吗？

对话

A: Could you do me a favor?

能帮个忙吗？

B: Well, it depends on what the favor is.

呃，这得看什么忙了。

对话暗藏 15 处雷点，

呼叫排雷助手 Jack!

能帮个忙吗

Can you give me a hand?

能帮个忙吗？

对话

A: Can you give me a hand?

能帮个忙吗？

B: No problem. What do you need?

没问题，有什么需要？

对话暗藏 9 处雷点，

呼叫排雷助手 Jack!

能开下窗吗

Could you please open the window for me?

能开下窗吗？

对话

A: Could you please open the window for me?

能开下窗吗？

B: Sure thing.

当然。

对话暗藏 8 处雷点，

呼叫排雷助手 Jack!

Gratitude
感　谢

- 非常感谢
- 不用客气
- 欠个人情

非常感谢

Thanks a lot.

谢谢了。

对话

A: It's very nice of you. Thanks a lot.

你真好。谢谢了。

B: My pleasure.

客气。

对话暗藏 8 处雷点，

呼叫排雷助手 Jack!

非常感谢

Thank you very much.

非常感谢。

对话

A: Thank you very much.

非常感谢。

B: Don't mention it.

别客气。

对话暗藏 7 处雷点，

呼叫排雷助手 Jack!

非常感谢

I'm so grateful.

很感谢。

对话

A: I'm so grateful for your help.

很感谢您的帮助。

B: Come on, man. It's OK.

别这样，哥们儿。小意思。

对话暗藏 9 处雷点，

呼叫排雷助手 Jack!

非常感谢

I really appreciate it.

很感谢。

对话

A: Thank you for picking me up. I really appreciate it.

很感谢你能来接我。太谢谢啦。

B: Not a problem.

客气了。

对话暗藏 9 处雷点，

呼叫排雷助手 Jack!

不用客气

You are welcome!

别客气！

对话

A: Thank you for everything you have done for me.

感谢您为我做的一切。

B: You are welcome!

别客气！

对话暗藏 8 处雷点，

呼叫排雷助手 Jack!

欠个人情

You owe me one.

欠我个人情。

对话

A: I can't thank you enough for fixing the computer for me.

太感谢啦，帮我修好了电脑。

B: Yeah! You owe me one.

哈哈，欠我个人情哦。

对话暗藏 10 处雷点，

呼叫排雷助手 Jack!

Apology
道　歉

- 很抱歉啊
- 事搞砸了
- 是我的错
- 我不是故意的
- 请求原谅

很抱歉啊

I'm sorry.

抱歉。

对话

A: I'm sorry for being late.

抱歉迟到了。

B: Never mind.

没关系。

对话暗藏 5 处雷点，

呼叫排雷助手 Jack!

事搞砸了

I screwed up.

我把事情搞砸了。

对话

A: I'm sorry, Jack. I screwed up the whole thing.

抱歉杰克，我把事情搞砸了。

B: No worries. It's all right.

别担心，没事儿。

对话暗藏 11 处雷点，

呼叫排雷助手 Jack!

是我的错

My bad.

我的错。

对话

A: I'm sorry. It's my bad.

抱歉，是我的错。

B: Don't worry about it. It's fine.

别担心，没事。

对话暗藏 10 处雷点，

呼叫排雷助手 Jack!

是我的错

It's my fault.

是我的错。

对话

A: Just give me one more chance. It's my fault.

再给我一次机会吧，是我的错。

B: Please promise me it won't happen again.

答应我，不要再有下次了。

对话暗藏 11 处雷点，

呼叫排雷助手 Jack!

我不是故意的

I didn't do it on purpose.

我不是故意的。

Day 40

是我的错

对话

A: Sorry Jack. I didn't do it on purpose.

抱歉杰克，我不是故意的。

B: It's OK. Just be more careful next time.

没事。下次注意就好。

对话暗藏 15 处雷点，

呼叫排雷助手 Jack!

请求原谅

Forgive me.

原谅我吧。

对话

A: Please forgive me. You know I didn't mean it.

原谅我吧。我不是故意的。

B: All right, forget about it.

没事，不提了。

对话暗藏 11 处雷点，

呼叫排雷助手 Jack!

Compliment and Encouragement

赞美与鼓励

- 你太棒了
- 干得漂亮
- 你气色真好
- 保持住
- 坚持住
- 加油

你太棒了

Good for you.

太棒了。

对话

A: I lost a lot of weight.

我瘦了很多。

B: Good for you.

太棒了。

对话暗藏 8 处雷点，

呼叫排雷助手 Jack!

干得漂亮

You did a good job!

干得漂亮！

对话

A: Hey, Jack. You did a good job!

杰克，干得漂亮！

B: Thanks a lot.

谢谢。

对话暗藏 7 处雷点，

呼叫排雷助手 Jack!

你气色真好

Look at you, you look amazing today.

瞧瞧，你今天看着气色不错啊。

对话

A: Look at you, you look amazing today.

瞧瞧，你今天看着气色不错啊。

B: Really? Thank you so much.

真的吗？谢谢啦。

对话暗藏 10 处雷点，

呼叫排雷助手 Jack!

保持住

Keep it up!

保持住！

对话

A: You did a good job! Keep it up!

干得漂亮！保持住！

B: I will! Trust me.

我会的！相信我。

对话暗藏 13 处雷点，

呼叫排雷助手 Jack!

坚持住

Hang in there.

坚持住。

对话

A: Hang in there. I know you can make it.

坚持住。你能行。

B: Thank you. I'll try my best.

谢谢，我尽力。

对话暗藏 10 处雷点，

呼叫排雷助手 Jack!

加油

Go for it!

加油！

对话

A: I want to speak good English like Gina.

我想英文说得像吉娜那么好。

B: OK. Go for it!

加油！

对话暗藏 11 处雷点，

呼叫排雷助手 Jack!

Comfort and Support

安慰与支持

- 我挺你
- 给你帮助
- 别紧张
- 我想聊聊
- 我明白
- 冷静点

我挺你

back sb. up

挺某人

对话

A: Remember to back me up when I need help.

我需要帮助时记得挺我。

B: Sure, count on me.

当然，放心吧。

对话暗藏 14 处雷点，

呼叫排雷助手 Jack!

给你帮助

help out

帮助

对话

A: I can't help you out if you don't tell me anything.

如果你什么都不说，我帮不了你啊。

B: No worries. I'm fine.

别担心，我没事。

对话暗藏 14 处雷点，

呼叫排雷助手 Jack!

别紧张

Don't be nervous.

别紧张。

对话

A: Jack, my palms are sweating.

杰克，我手心都出汗了。

B: Don't be nervous. You are going to be alright.

别紧张，会没事的。

对话暗藏 10 处雷点，

呼叫排雷助手 Jack!

我想聊聊

I want to talk.

我想聊聊。

对话

A: Hey, Jack. You got a moment? I really want to talk.

杰克，有时间吗？我想聊聊。

B: Sure, go ahead.

可以啊，说吧。

对话暗藏 11 处雷点，

呼叫排雷助手 Jack!

我明白

I know what you mean.

我明白。

对话

A: Do you understand what I've just said?

你明白我的意思吗？

B: I know what you mean.

我明白。

对话暗藏 10 处雷点，

呼叫排雷助手 Jack!

冷静点

Calm down.

冷静点。

对话

A: Calm down. Don't do anything rash.

冷静点，别冲动。

B: Don't worry about it.

别担心。

对话暗藏 10 处雷点，

呼叫排雷助手 Jack!

Emotions

情绪表达

- 心情不错
- 运气好
- 是我活该
- 让人歇会儿
- 让我静静
- 我受够了
- 疯了吗
- 天哪
- 大吃一惊
- 我很开心
- 惹人生气
- 不要逼我
- 太烦人了
- 管好你自己
- 真的吗
- 开玩笑呢
- 不是认真的吧

心情不错

I'm feeling great today.

我今天心情不错。

对话

A: Jack, I'm feeling great today.

杰克，我今天心情不错。

B: Why? What's up?

为什么？怎么了？

对话暗藏 8 处雷点，

呼叫排雷助手 Jack!

我很开心

I'm on the top of the world.

我太开心了。

对话

A: Finally, I got my driving license. I'm on the top of the world!

我终于拿到驾照了。我太开心了！

B: Yeah! I'm proud of you man!

是啊，为你骄傲！

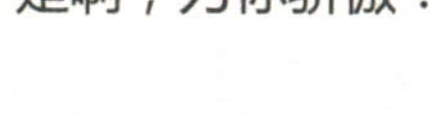

对话暗藏 16 处雷点，

呼叫排雷助手 Jack!

运气好

Some people have all the luck.

有些人运气总是那么好。

对话

A: He has a great job and a beautiful girlfriend.

他有份好工作和一个漂亮的女朋友。

B: Some people have all the luck.

有些人运气总是那么好。

对话暗藏 15 处雷点，

呼叫排雷助手 Jack!

惹人生气

He really pissed me off.

他气死我了。

对话

A: Why do you look so angry? Something about Jack?

为什么看起来那么生气？杰克惹你了？

B: Yep. He really pissed me off!

可不是，他气死我了！

对话暗藏 9 处雷点，

呼叫排雷助手 Jack!

惹人生气

rub sb. the wrong way

惹到某人

对话

A: Why does Jack look so angry?

杰克怎么生这么大的气？

B: I think someone rubbed him the wrong way.

我估计是有人惹到他了。

对话暗藏 8 处雷点，

呼叫排雷助手 Jack!

是我活该

I deserve it.

我真是活该。

场景特训

A: I heard that you didn't pass your exam.

我听说你考试没过。

B: Yeah, I deserve it.

是啊，我真是活该。

对话暗藏 13 处雷点，

呼叫排雷助手 Jack!

不要逼我

Don't push me.

不要逼我。

场景特训

A: Jack, you need to make more money.

杰克，你得多赚点钱。

B: Don't push me! I'm trying.

不要逼我！我一直在努力。

对话暗藏 10 处雷点，

呼叫排雷助手 Jack!

让人歇会儿

Give me a break.

让我歇会儿吧。

场景特训

A: It's only a twenty-minute walk!

才走了 20 分钟！

B: Give me a break! My legs are killing me.

让我歇会儿吧！我的腿疼死了。

对话暗藏 9 处雷点，

呼叫排雷助手 Jack!

太烦人了

It's a pain in the neck.

太烦人了。

场景特训

A: It's a pain in the neck sorting out the letters.

整理信件太烦人了。

B: OK. Take a break and do it later.

那先歇会儿吧，一会儿再做。

对话暗藏 15 处雷点，

呼叫排雷助手 Jack!

让我静静

Leave me alone.

让我一个人静静。

场景特训

A: Hey, what's going on? Are you OK?

怎么了，你还好吧？

B: I'm OK. Just leave me alone.

还好，让我一个人静静。

对话暗藏 11 处雷点，

呼叫排雷助手 Jack!

管好你自己

Mind your own business.

管好你自己的事。

场景特训

A: What happened to your face? It is swollen.

你的脸怎么了？看起来肿了。

B: Can you mind your own business?

你就不能管好你自己的事吗？

对话暗藏 13 处雷点，

呼叫排雷助手 Jack!

我受够了

I have had enough.

我简直受够了。

场景特训

A: I have had enough of Jack.

我简直受够杰克了。

B: Why? What did he do?

怎么了？他做了什么？

对话暗藏 10 处雷点，

呼叫排雷助手 Jack!

真的吗

Really?

真的吗？

对话

A: You know what, I can speak good English now.

你知道吗，我现在英语说得不错。

B: Really? Show me.

真的吗？说几句我听听。

对话暗藏 10 处雷点，

呼叫排雷助手 Jack!

疯了吗

Are you out of your mind?

你疯了吗？

对话

A: I want to start my own business.

我想自己创业。

B: Are you out of your mind?

你疯了吗？

对话暗藏 13 处雷点，

呼叫排雷助手 Jack!

开玩笑呢

Are you kidding me?

你开玩笑呢吧？

对话

A: Hey, Jack. I want to quit my job.

杰克，我想辞职。

B: What? Are you kidding me?

什么？你开玩笑呢吧？

对话暗藏 10 处雷点，

呼叫排雷助手 Jack!

天哪

Oh my!

天哪！

对话

A: Do you remember Jack? He runs his own business.

还记得杰克吗？他自己创业了。

B: Oh my! That's good for him.

天哪！真为他高兴。

对话暗藏 10 处雷点，

呼叫排雷助手 Jack!

不是认真的吧

You can't be serious!

你不是认真的吧！

对话

A: I want to break up with Jack. He is so boring.

我想和杰克分手。他太没劲了。

B: What? You can't be serious!

什么？你不是认真的吧！

对话暗藏 16 处雷点，

呼叫排雷助手 Jack!

大吃一惊

It blew my mind!

真让我大吃一惊。

对话

A: Did you go to the concert?

你去音乐会了吗？

B: It blew my mind. It was amazing!

真让我大开眼界。太赞了！

对话暗藏 14 处雷点，

呼叫排雷助手 Jack!

Attitudes

态度表达

- 说吧
- 好啊
- 你说得对
- 胡说
- 没门儿
- 休想
- 无所谓
- 你说了算
- 那又怎样
- 希望如此
- 控制不住
- 还可能更糟

说吧

Go ahead.

说吧。

对话

A: Hey, Jack. May I ask you a question?

杰克，我能问个问题吗？

B: Sure, go ahead.

当然了，说吧。

对话暗藏 10 处雷点，

呼叫排雷助手 Jack!

好啊

Sounds good.

好啊。

对话

A: I want to go shopping. Do you want to come with me?

我想去逛街。你想去吗？

B: Sounds good. Where do you want to go?

好啊，你想去哪儿？

对话暗藏 11 处雷点，

呼叫排雷助手 Jack!

你说得对

You can say that again.

你说得太对了。

对话

A: Hey, look at you. You look amazing today.

瞧瞧，你今天看着气色不错啊。

B: Thank you. You can say that again.

谢谢。你说得太对了。

对话暗藏 12 处雷点，

呼叫排雷助手 Jack!

胡说

Nonsense!

胡说！

对话

A: I can hold my breath for half an hour.

我能憋气半个小时。

B: Nonsense! You will be dead by then.

胡说！那样你会憋死的。

对话暗藏 16 处雷点，

呼叫排雷助手 Jack!

没门儿

No way!

没门儿！

对话

A: Can you lend me your car?

能借一下你的车吗？

B: No way! Remember what you did to it last time?

没门儿！不记得你上次做了什么吗？

对话暗藏 18 处雷点，

呼叫排雷助手 Jack!

休想

Over my dead body!

休想！

对话

A: Dad, can I please marry Jack?

爸爸，我能和杰克结婚吗？

B: Over my dead body!

休想！

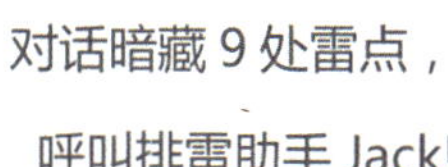

无所谓

Whatever.

随便。

对话

A: Do you want to go out for dinner or stay in?

你想出去吃还是在家吃？

B: Whatever.

随便。

对话暗藏 15 处雷点，

呼叫排雷助手 Jack!

你说了算

It's up to you.

你说了算。

对话

A: Hey, Gina. What do you want to eat for dinner?

吉娜，晚餐想吃什么？

B: It's up to you.

你说了算。

对话暗藏 11 处雷点，

呼叫排雷助手 Jack!

那又怎样

Who cares?

那又怎样？

对话

A: Look! Michael Jordan is on TV.

瞧啊！电视里播迈克尔·乔丹呢。

B: Who cares? I don't even play basketball.

那又怎样？我又不玩篮球。

对话暗藏 10 处雷点，

呼叫排雷助手 Jack!

希望如此

I hope so.

希望如此。

对话

A: It's your turn. Good luck on your speech!

到你了，祝你演讲成功！

B: I hope so.

希望如此。

对话暗藏 9 处雷点，

呼叫排雷助手 Jack!

控制不住

I can't help it.

我控制不住。

对话

A: Could you stop snoring at night?

晚上能不打鼾吗？

B: Sorry, but I can't help it.

抱歉，但我控制不住。

对话暗藏 14 处雷点，

呼叫排雷助手 Jack!

还可能更糟

It could have been worse.

还有比这更糟的呢。

对话

A: Jack gave us five reports to write.

杰克让我们写 5 篇报告。

B: You should be grateful. It could have been worse.

知足吧，还有比这更糟的呢。

对话暗藏 12 处雷点，

呼叫排雷助手 Jack!

Asking for and Giving Directions

问路和指路

- 卫生间在哪儿
- 地铁站怎么走
- 购物中心怎么走
- 在哪儿停车
- 在那边上
- 直走后左转

卫生间在哪儿

Could you tell me where the bathroom is?

您能告诉我卫生间在哪儿吗？

对话

A: Could you tell me where the bathroom is?

您能告诉我卫生间在哪儿吗？

B: Sure, it's just around the corner.

没问题，卫生间就在附近。

对话暗藏 13 处雷点，

呼叫排雷助手 Jack!

地铁站怎么走

Excuse me, how can I get to the subway station?

不好意思，请问地铁站怎么走？

对话

A: Excuse me, how can I get to the subway station?

不好意思，请问地铁站怎么走？

B: Just go down the tunnel and turn right.

穿过地下通道后右转就是。

对话暗藏 17 处雷点，

呼叫排雷助手 Jack!

购物中心怎么走

Could you direct me to the shopping mall?

您能告诉我怎么去购物中心吗？

对话

A: Could you direct me to the shopping mall?

您能告诉我怎么去购物中心吗？

B: Sure. It's just right across the street.

当然，马路对面就是。

对话暗藏 13 处雷点，

呼叫排雷助手 Jack!

在哪儿停车

Where can I park?

哪里可以停车？

对话

A: Where can I park?

哪里可以停车？

B: There is a parking lot over there.

那边就有一个停车场。

对话暗藏 12 处雷点，

呼叫排雷助手 Jack!

在那边上

Right beside that building.

就在那栋大楼旁边。

对话

A: Where is the supermarket?

超市在哪儿？

B: It's right beside that building.

就在那栋大楼旁边。

对话暗藏 10 处雷点，

呼叫排雷助手 Jack!

直走后左转

Go straight two blocks then turn left.

走过两个街区，然后左转。

对话

A: Where is the closest ATM?

最近的自动取款机在哪儿？

B: Go straight two blocks then turn left.

走过两个街区，然后左转就有。

对话暗藏 11 处雷点，

呼叫排雷助手 Jack!

Transportation

使用交通工具

- 我要租车
- 请开快些
- 请开后备箱
- 零钱兑换
- 借过一下
- 什么时候到
- 公交车站在哪儿
- 乘哪趟车
- 在哪儿下车
- 办理登机
- 去哪儿安检
- 起飞时间
- 飞机延误多久
- 倒时差
- 打算住哪儿
- 系好安全带
- 喝点儿什么
- 填海关表
- 我要打车
- 算打车费
- 帮忙抬行李
- 还有几站到
- 开往哪里
- 末班车几点
- 车票多少钱
- 在哪儿换乘
- 还有几站
- 托运行李
- 找免税店
- 询问航班号
- 问 Wi-Fi 密码
- 行程目的
- 是否需报关
- 想要毯子
- 抵达时间

我要租车

I want to rent a car.

我想租一台车。

对话

A: Excuse me, I want to rent a car.

打扰一下，我想租一台车。

B: Sure, please fill out this form.

好的，先填下表吧。

对话暗藏 13 处雷点，

呼叫排雷助手 Jack!

我要打车

Where can I get a cab?

哪里可以打车？

对话

A: Excuse me, where can I get a cab?

打扰一下，哪里可以打车？

B: There's a line outside the airport.

机场外可以排队候车。

对话暗藏 12 处雷点，

呼叫排雷助手 Jack!

请开快些

I'm in a hurry, so please drive faster.

我赶时间，请开快点儿。

对话

A: I'm in a hurry, so please drive faster.

我赶时间，请开快点儿。

B: I will try my best, sir.

我尽力吧，先生。

对话暗藏 14 处雷点，

呼叫排雷助手 Jack!

算打车费

How much is the fare for the taxi?

出租车费是多少钱？

对话

A: How much is the fare for the taxi?

出租车费是多少钱？

B: It should be around 20 dollars.

大概 20 美元吧。

对话暗藏 15 处雷点，

呼叫排雷助手 Jack!

请开后备箱

Pop the trunk please.

开一下后备箱吧。

对话

A: Pop the trunk please.

请开一下后备箱吧。

B: Sure. Do you need me to help you with the luggage?

好的，需要我帮忙搬行李吗？

对话暗藏 14 处雷点，

呼叫排雷助手 Jack!

帮忙抬行李

Could you help me with my baggage?

能帮我抬一下行李吗？

对话

A: Could you help me with my baggage?

能帮我抬一下行李吗？

B: No problem, sir.

没问题，先生。

对话暗藏 8 处雷点，

呼叫排雷助手 Jack!

零钱兑换

Can I get some change?

能换点儿零钱么？

对话

A: Can I get some change?

能换点儿零钱吗？

B: Sure. How much do you want?

当然，你要多少？

对话暗藏 11 处雷点，

呼叫排雷助手 Jack!

还有几站到

How many stations to Broadway station?

到百老汇还有几站？

对话

A: How many stations to Broadway station?

到百老汇还有几站？

B: It's only two stops from here.

只有 2 站了。

对话暗藏 10 处雷点，

呼叫排雷助手 Jack!

借过一下

Can I get through please?

借过一下可以吗？

对话

A: Can I get through please? I'm getting off at the next station.

借过一下可以吗？我下站要下车了。

B: Sure.

当然。

对话暗藏 16 处雷点，

呼叫排雷助手 Jack!

开往哪里

Where is the train heading?

火车是开往哪里的？

对话

A: Where is the train heading?

火车是开往哪里的？

B: The train is bound for Grand Central Station.

开往中央车站。

对话暗藏 14 处雷点，

呼叫排雷助手 Jack!

什么时候到

When is the next train arriving?

下趟火车什么时候到？

对话

A: When is the next train arriving?

下趟火车什么时候到？

B: The next train is arriving in five minutes.

5 分钟以后吧。

对话暗藏 12 处雷点，

呼叫排雷助手 Jack!

末班车几点

When is the last train?

末班车是几点？

对话

A: When is the last train?

末班车是几点？

B: It's around 10 p.m.

大概晚上 10 点。

对话暗藏 11 处雷点，

呼叫排雷助手 Jack!

公交车站在哪儿

Do you know where the bus stop is?

你知道公交车站在哪儿吗？

对话

A: Do you know where the bus stop is?

你知道公交车站在哪儿吗？

B: There is one just down the street.

沿着这条街走就有一个。

对话暗藏 15 处雷点，

呼叫排雷助手 Jack!

车票多少钱

How much is the bus ticket?

公交车票多少钱？

对话

A: How much is the bus ticket?

公交车票多少钱？

B: Where do you want to go?

你要去哪儿？

对话暗藏 11 处雷点，

呼叫排雷助手 Jack!

乘哪趟车

Which bus should I take?

应该乘哪趟车呢？

对话

A: I want to go to Disneyland. Which bus should I take?

我想去迪士尼乐园。应该乘哪趟车呢？

B: You need to take Line Two.

2 路汽车。

对话暗藏 7 处雷点，

呼叫排雷助手 Jack!

在哪儿换乘

Where should I change?

我在哪里换乘？

对话

A: Where should I change?

我在哪里换乘？

B: You need to change at Richmond stop.

你可以在里士满那站换乘。

对话暗藏 9 处雷点，

呼叫排雷助手 Jack!

在哪儿下车

Where should I get off?

我应该在哪儿下车？

对话

A: Where should I get off?

我应该在哪儿下车？

B: You should get off at the next stop.

你应该在下一站下车。

对话暗藏 10 处雷点，

呼叫排雷助手 Jack!

还有几站

How many stations left?

还有多少站？

对话

A: How many stations left?

　　还有多少站？

B: Only three stations left.

　　只剩 3 站了。

对话暗藏 4 处雷点，

呼叫排雷助手 Jack!

办理登机

I want to check in please.

我想办理登机手续。

对话

A: I want to check in please.

我想办理登机手续。

B: Sure. May I have your passport?

好的，请出示一下您的护照。

对话暗藏 12 处雷点，

呼叫排雷助手 Jack!

托运行李

I have one carry-on and two pieces of luggage to check in.

我有一件登机行李，两件托运行李。

对话

A: How much baggage do you have?

你有几个行李箱？

B: I have one carry-on and two pieces of luggage to check in.

我有一件登机行李，两件托运行李。

对话暗藏 13 处雷点，

呼叫排雷助手 Jack!

去哪儿安检

How can I get to the security check?

安检怎么走？

对话

A: Excuse me, how can I get to the security check?

打扰一下，安检怎么走？

B: Just go straight and take a right.

直走右转。

对话暗藏 16 处雷点，

呼叫排雷助手 Jack!

找免税店

Where is the duty-free shop?

免税店在哪儿？

对话

A: Excuse me, where is the duty-free shop?

打扰一下，免税店在哪儿？

B: It's beside Gate 10.

在 10 号登机口旁边。

对话暗藏 10 处雷点，

呼叫排雷助手 Jack!

起飞时间

The departure time is 4:30 p.m.

起飞时间是下午 4 点半。

对话

A: Jack, when is the plane leaving?

杰克，飞机什么时候起飞？

B: The departure time is 4:30 p.m.

飞机下午 4 点半起飞。

对话暗藏 10 处雷点，

呼叫排雷助手 Jack!

询问航班号

What's your flight number?

你的航班号是多少？

对话

A: Hey, what's you flight number?

你好，你的航班号是多少？

B: It's CA1024.

航班号是 CA1024.

对话暗藏 7 处雷点，

呼叫排雷助手 Jack!

飞机延误多久

How long will the plane be delayed for?

飞机要延误多久？

对话

A: How long will the plane be delayed for?

飞机要延误多久？

B: It's about four hours.

大概 4 小时。

对话暗藏 12 处雷点，

呼叫排雷助手 Jack!

问 Wi-Fi 密码

What's the airport's Wi-Fi password?

机场的 Wi-Fi 密码是多少？

对话

A: What's the airport's Wi-Fi password?

机场的 Wi-Fi 密码是多少？

B: It's on the wall there.

在那边墙上写着呢。

对话暗藏 10 处雷点，

呼叫排雷助手 Jack!

倒时差

I'm feeling a bit jet-lagged.

我有点倒不过来时差。

对话

A: I'm feeling a bit jet-lagged.

我有点倒不过来时差。

B: You feel sick?

你不舒服吗？

对话暗藏 6 处雷点，

呼叫排雷助手 Jack!

行程目的

What's the purpose of your visit?

你此次行程的目的是什么？

对话

A: What's the purpose of your visit?

　你此次行程的目的是什么？

B: I'm here for some shopping and sightseeing.

　我是为了购物和观光。

对话暗藏 11 处雷点，

呼叫排雷助手 Jack!

打算住哪儿

Where will you be staying?

你打算住在哪儿？

对话

A: Where will you be staying?

你打算住在哪儿？

B: I will stay at the Holiday Inn Hotel.

我会住在假日酒店。

对话暗藏 11 处雷点，

呼叫排雷助手 Jack!

是否需报关

Do you have anything to declare?

你有什么要申报的吗？

对话

A: Do you have anything to declare?

你有什么要申报的吗？

B: There's nothing I want to declare.

没有。

对话暗藏 12 处雷点，

呼叫排雷助手 Jack!

系好安全带

Please fasten your seat belt.

请系好安全带。

对话

A: We are about to take off. Please fasten your seat belt.

飞机要起飞了，请系好安全带。

B: Sure, thank you.

好的，谢谢。

对话暗藏 13 处雷点，

呼叫排雷助手 Jack!

想要毯子

Can I get a blanket please?

我想要张毯子可以吗？

对话

A: Excuse me, can I get a blanket please?

打扰一下，我想要张毯子可以吗？

B: Sure, right away.

好的，马上。

对话暗藏 11 处雷点，

呼叫排雷助手 Jack!

喝点儿什么

Would you like something to drink?

想喝点儿什么吗？

对话

A: Would you like something to drink?

想喝点儿什么吗？

B: Yes, I would like a Coke please.

请给我来杯可乐。

对话暗藏 12 处雷点，

呼叫排雷助手 Jack!

抵达时间

When will the plane land?

飞机什么时间抵达？

对话

A: Excuse me, when will the plane land?

打扰一下，飞机什么时间抵达？

B: We will arrive tomorrow at ten o'clock in the morning.

明早 10 点。

对话暗藏 13 处雷点，

呼叫排雷助手 Jack!

填海关表

It's a customs and immigration form.

这是海关入境表。

对话

A: What is this form?

这是什么表格？

B: It's a customs and immigration form.

这是海关入境表。

对话暗藏 9 处雷点，

呼叫排雷助手 Jack!

填海关表

Please fill out this form before the plane lands.

请在飞机降落前把表格填好。

对话

A: Please fill out this form before the plane lands.

请在飞机降落前把表格填好。

B: Sure, thank you.

好的，谢谢。

对话暗藏 13 处雷点，

呼叫排雷助手 Jack!

Hotel
住 宿

- 办理入住
- 在哪儿吃早餐
- 要转接口
- 增添物品
- 调换房间
- 空调坏了
- 住宿押金
- 多要一张房卡
- 办理退房
- 在房间订餐
- 喷头坏了
- 在房间落下物品

办理入住

I have a reservation and I want to check in.

我有预订，我想办理入住。

对话

A: I have a reservation and I want to check in.

我有预订，我想办理入住。

B: Can I see some ID please?

请出示一下您的身份证件好吗？

对话暗藏 15 处雷点，

呼叫排雷助手 Jack!

住宿押金

The deposit is two hundred dollars.

押金是 200 美元。

对话

A: The deposit is two hundred dollars. Are you paying cash or credit?

押金是 200 美元。您是付现金还是刷信用卡？

B: Cash please.

现金吧。

对话暗藏 12 处雷点，

呼叫排雷助手 Jack!

在哪儿吃早餐

Where is the breakfast served?

吃早餐的地方在哪儿？

对话

A: Where is the breakfast served?

吃早餐的地方在哪儿？

B: On the second floor.

在 2 层。

对话暗藏 10 处雷点，

呼叫排雷助手 Jack!

多要一张房卡

Can I get another key card?

我能再要一张房卡吗？

对话

A: Can I get another key card?

我能再要一张房卡吗？

B: Of course. Here you go.

当然可以，给您。

对话暗藏 10 处雷点，

呼叫排雷助手 Jack!

要转接口

Do you have an adapter?

你们有转接口吗？

对话

A: Do you have an adapter?

你们有转接口吗？

B: Yes, we will send it to your room.

有的，马上送去您的房间。

对话暗藏 11 处雷点，

呼叫排雷助手 Jack!

Day 83

办理退房

办理退房

I would like to check out.

我要退房。

对话

A: I would like to check out.

我要退房。

B: Please hold on a second, sir.

稍等，先生。

对话暗藏 16 处雷点，

呼叫排雷助手 Jack!

增添物品

Hello, can you get me more shampoo please?

您好，能再给我一点儿洗发水吗？

对话

A: Hello, can you get me more shampoo please?

您好，能再给我一点儿洗发水吗？

B: Sure. I'll get it to you right now.

当然，马上给您拿。

对话暗藏 13 处雷点，

呼叫排雷助手 Jack!

在房间订餐

Hello, can I order some food?

您好，我能订餐吗？

对话

A: Hello, can I order some food?

您好，我能订餐吗？

B: Of course. The menu is on the table in your room.

当然可以，菜单就在您房间的桌上。

对话暗藏 11 处雷点，

呼叫排雷助手 Jack!

调换房间

There is a strange smell and I want to change a room.

房间有股怪味，我想换一间。

对话

A: There is a strange smell and I want to change a room.

房间有股怪味，我想换一间。

B: Right away sir. Sorry for the inconvenience.

马上办理，先生。抱歉给您带来不便。

对话暗藏 16 处雷点，

呼叫排雷助手 Jack!

喷头坏了

There is something wrong with the shower head.

喷头坏了。

对话

A: There is something wrong with the shower head.

喷头坏了。

B: I will send someone to check it right away.

我马上叫人去修。

对话暗藏 15 处雷点，

呼叫排雷助手 Jack!

空调坏了

The air conditioner doesn't work.

空调坏了。

对话

A: The air conditioner doesn't work.

空调坏了。

B: Got it. We will send someone to fix it.

知道了。我们马上叫人去修。

对话暗藏 11 处雷点，

呼叫排雷助手 Jack!

在房间落下物品

I forgot my shirt in the room. Can you mail it to me ?

我的衬衫落在房间了。能寄给我吗？

对话

A: I forgot my shirt in the room. Can you mail it to me?

我的衬衫落在房间了。能寄给我吗？

B: OK. May I have your name?

好的，您叫什么名字？

对话暗藏 18 处雷点，

呼叫排雷助手 Jack!

Shopping

购　物

- 随便看看
- 试穿衣服
- 找试衣间
- 穿多大尺码
- 换货理由
- 退货理由
- 多少钱
- 能便宜点儿吗
- 打折吗
- 有折扣吗
- 超出预算了
- 怎么支付

随便看看

I'm just looking around.

我就随便看看。

对话

A: What can I do for you?

有什么能帮您的？

B: I'm just looking around.

我就随便看看。

对话暗藏 10 处雷点，

呼叫排雷助手 Jack!

试穿衣服

Can I try it on?

我能试穿一下吗？

对话

A: Can I try it on?

我能试穿一下吗？

B: Of course. Just let me get it for you.

当然。我给您拿。

对话暗藏 15 处雷点，

呼叫排雷助手 Jack!

找试衣间

Where is the fitting room?

试衣间在哪儿？

对话

A: Where is the fitting room?

试衣间在哪儿？

B: Just right there. Please come with me.

就在那儿。请跟我来。

对话暗藏 11 处雷点，

呼叫排雷助手 Jack!

穿多大尺码

What's your size?

您穿多大尺码？

对话

A: What's your size?

您穿多大尺码？

B: I'm not sure, but I think Large will be all right.

不太确定，L 应该可以。

对话暗藏 13 处雷点，

呼叫排雷助手 Jack!

换货理由

Can you get me a larger one?

能换一件更大的吗？

对话

A: This is too small. Can you get me a larger one?

这件太小了。能换一件更大的吗？

B: Just a moment, sir.

稍等先生。

对话暗藏 9 处雷点，

呼叫排雷助手 Jack!

退货理由

It doesn't really fit me well.

我觉得这件不太合身。

对话

A: What's the reason for returning this, sir?

为什么要退呢，先生？

B: I think it doesn't really fit me well.

我觉得这件不太合身。

对话暗藏 13 处雷点，

呼叫排雷助手 Jack!

多少钱

How much is it?

多少钱？

对话

A: How much is it?

多少钱？

B: It's 25 dollars.

25 美元。

对话暗藏 7 处雷点，

呼叫排雷助手 Jack!

能便宜点儿吗

Can I get this for a cheaper price?

能便宜点儿吗？

对话

A: Can I get this for a cheaper price?

能便宜点儿吗？

B: Let me check with my manager.

我问问经理吧。

对话暗藏 14 处雷点，

呼叫排雷助手 Jack!

打折吗

Is this on sale?

这件打折吗？

对话

A: Is this on sale?

　这件打折吗？

B: Yes, it's 50% off.

　是的，打五折。

对话暗藏 5 处雷点，

呼叫排雷助手 Jack!

有折扣吗

Is there any discount?

有折扣吗？

对话

A: Is there any discount?

　有折扣吗？

B: Let me check for you.

　我帮您查一下。

对话暗藏 9 处雷点，

呼叫排雷助手 Jack!

超出预算了

It's over my budget.

超出我的预算了。

对话

A: How about the jacket?

这件夹克怎么样？

B: I think it's good, but it's over my budget.

我觉得不错，但超出我的预算了。

对话暗藏 12 处雷点，

呼叫排雷助手 Jack!

怎么支付

Will you pay by cash or card?

您付现金还是刷信用卡？

对话

A: Will you pay by cash or card?

　您付现金还是刷信用卡？

B: Card, please.

　刷信用卡。

对话暗藏 7 处雷点，

呼叫排雷助手 Jack!

Restaurant

用　餐

- 出去吃吧
- 订个桌位吧
- 开始点餐
- 要几分熟
- 买单吧
- 我们 AA 吧
- 在哪里排队
- 我想续杯
- 再来点儿纸巾
- 有着装要求吗
- 桌位订满了
- 特色菜是什么
- 打包带走
- 我请客
- 不用找零了
- 在哪儿用餐
- 能用优惠券吗
- 想配成套餐

出去吃吧

Eat out.

出去吃吧。

对话

A: I'm too tired to cook.

我太累了，不想做饭了。

B: It's all right. We can eat out today.

没事啊，我们今天出去吃吧。

对话暗藏 8 处雷点，
呼叫排雷助手 Jack!

有着装要求吗

Is there a dress code?

有什么着装要求？

对话

A: Is there a dress code? Can I wear jeans?

有什么着装要求？能穿牛仔裤吗？

B: No, you need to wear something formal.

不行，你得穿得正式一点儿。

对话暗藏 9 处雷点，

呼叫排雷助手 Jack!

订个桌位吧

I want to book a table for five.

我想预订一张五人桌。

对话

A: This is Jack speaking. May I help you?

我是杰克。有什么可以帮您的？

B: Yes, I want to book a table for five.

我想预订一张五人桌。

对话暗藏 13 处雷点，

呼叫排雷助手 Jack!

桌位订满了

I'm sorry. We are all booked up.

抱歉，我们的预订都满了。

对话

A: A table for three, please.

一张三人桌，谢谢。

B: I'm sorry. We are all booked up.

抱歉，我们的预订都满了。

对话暗藏 10 处雷点，

呼叫排雷助手 Jack!

开始点餐

May I take your order now?

我可以为您点餐了吗？

对话

A: May I take your order now?

我可以为您点餐了吗？

B: Wait a moment, please.

请稍等一下。

对话暗藏 8 处雷点，

呼叫排雷助手 Jack!

特色菜是什么

What is your specialty?

你们的特色菜是什么？

对话

A: What's your specialty?

你们的特色菜是什么？

B: The barbecue is great.

烧烤不错。

对话暗藏 8 处雷点，

呼叫排雷助手 Jack!

要几分熟

How would you like your meat cooked?

您需要几分熟？

对话

A: How would you like your meat cooked?

您需要几分熟？

B: Medium well, please.

七分熟吧。

对话暗藏 8 处雷点，

呼叫排雷助手 Jack!

打包带走

Can I get it to go?

我能打包带走吗？

对话

A: Can I get it to go?

我能打包带走吗？

B: Sure. Let me get you a bag.

当然，我给您拿个袋子。

对话暗藏 12 处雷点，

呼叫排雷助手 Jack!

买单吧

Check, please.

买单吧。

对话

A: I'm full. Let's go home.

我吃饱了。我们回家吧。

B: OK. Excuse me waiter, check, please.

好的。服务员，买单吧。

对话暗藏 8 处雷点，

呼叫排雷助手 Jack!

我请客

It's my treat.

我请客。

对话

A: Let's eat out. It's my treat.

我们出去吃吧。我请客。

B: OK. Where do we go?

好啊。去哪儿吃呢？

对话暗藏 10 处雷点，

呼叫排雷助手 Jack!

我们 AA 吧

Let's split the bill.

我们 AA 吧。

对话

A: It's too expensive. Let's split the bill.

太贵了，我们 AA 吧。

B: Come on, man. It's on me.

别闹了，我请客。

对话暗藏 11 处雷点，

呼叫排雷助手 Jack!

不用找零了

Keep the change.

不用找零了。

对话

A: It would be 35 dollars, sir.

35 美元，先生。

B: OK. Here is 50 and keep the change.

好的。给你 50 美元，不用找零了。

对话暗藏 14 处雷点，

呼叫排雷助手 Jack!

在哪里排队

Where is the line?

在哪里排队？

对话

A: Where is the line?

　在哪里排队？

B: It's on your right.

　在您的右侧。

对话暗藏 7 处雷点，

呼叫排雷助手 Jack!

在哪儿用餐

For here or to go?

在这儿吃还是带走？

对话

A: Please give me a hamburger.

我要一个汉堡。

B: For here or to go?

在这儿吃还是带走？

对话暗藏 8 处雷点，

呼叫排雷助手 Jack!

我想续杯

Can I get a refill?

我能续杯吗？

对话

A: Can I get a refill?

我能续杯吗？

B: You can have as many as you want.

您请便。

对话暗藏 10 处雷点，

呼叫排雷助手 Jack!

能用优惠券吗

Can I use the coupon?

我能用优惠券吗？

对话

A: Can I use the coupon?

我能用优惠券吗？

B: Sorry, sir. It's expired.

抱歉先生，这个过期了。

对话暗藏 7 处雷点，

呼叫排雷助手 Jack!

再来点儿纸巾

Can you give me some more napkins?

能再给我一点儿纸巾吗？

对话

A: Here is your meal, sir.

这是您点的餐，先生。

B: Can you give me some more napkins?

能再给我一点儿纸巾吗？

对话暗藏 11 处雷点，

呼叫排雷助手 Jack!

想配成套餐

Can I make it a meal?

能配成套餐吗？

对话

A: Can I make it a meal?

能配成套餐吗？

B: For an extra two dollars.

您需要再付 2 美元。

对话暗藏 11 处雷点，

呼叫排雷助手 Jack!